瞬速！冷凍コンテナごはん

時短料理研究家 **ろこ**

ONE PUBLISHING

はじめに

こんにちは！ 時短料理研究家のろこです。

食材と調味料を詰めて、冷凍して、レンチンするだけ！ 3STEPで完成する「冷凍コンテナごはん®」。

幅広い層の方々にご好評いただき、おかげさまで10冊目を出させていただくことができました。心より感謝申し上げます。

記念すべき本書のテーマは**「瞬速」**。

包丁もまな板も使わない、ろこ史上最速レシピです。食材を切る時はキッチンバサミを使うか、手でちぎる。缶詰などのクイック食材を使う。…など、調理工程や洗い物の手間を徹底的に省きました。

実際の下ごしらえ時間はわずか1〜3分ほど。これなら食材が余った時、夜ごはん作りのついでにもパパッと作れそう。食材をコンテナに詰めた後は冷凍庫にお任せすれば、下味冷凍効果で食材がおいしく進化、保存だって14〜30日OKです。

「レンジ加熱1回でできる家庭の味」が冷凍庫に眠っていると思うと、自然と笑顔が増えるはず。「頑張らなくてもきちんとおいしい」超時短料理、始めてみませんか？

瞬速！
冷凍コンテナごはんの
3STEP!

STEP

詰める

STEP

冷凍する

STEP

レンチンする

14〜30日
冷凍保存
OK！

メインおかずも麺類も、
すべて1回の加熱でOK

食材を
コンテナに入れ、
調味料をかけるだけ。
わずか数分で
下ごしらえが終了

コンテナにフタをして、
冷凍庫へ。
下味冷凍効果で
味わいもランクアップ

お腹が減ったら、
冷凍庫から取り出して
レンチン！
数分の加熱で、
家庭の味が完成

ろこ史上
最速！

できあがり！

調理道具や食材など、徹底的
に時短にこだわった"瞬速"
冷凍コンテナごはん。包丁や
まな板を使わずクイック食材
を使って、手間なくおいしい
メニューをご紹介。

ろこのラクワザで
時短がかなう

早くておいしいをかなえるため、冷凍カット野菜や缶詰をフル活用。
下ごしらえのハードルがグンと下がる、
ろこのアイデアが詰まったラクワザを公開!

包丁・まな板いらず

キッチンバサミで
いいのだ!

包丁を一切使わない本書のレシピ。
手でちぎるかキッチンバサミを使って、手早く食材を切り分け、コンテナに詰めます。
調理器具も洗い物も少なく、手間も時間も極限までカット。

キャベツは
ちぎるだけでOK!

フードロス解消！

冷凍カット野菜で
いいのだ

旬のおいしさを封じ込めた、冷凍カット野菜を使用。
生野菜だと使いきれず傷ませてしまうこともありますが、
冷凍カット野菜は、使いたい分量だけサッと取り出せて便利。
生野菜とほぼ同じ栄養価なのもポイントです。

おいしさ安心

味つき食材＆缶詰で
いいのだ

そのまま食べてもおいしいサラダチキンや冷凍ギョウザ、缶詰をアレンジ。
いつもとは違う味が楽しめます。
少しの調味料で味が決まるから、下ごしらえ時間の短縮にも！

↓

だから！
瞬速でできて時短がかなう！

もっと！
いいこと、ラクなこと

誰が作っても、いつもの家庭の味に仕上がる"ろこ流"レシピ。
頑張らなくてもキチンとおいしい手抜きアイデアや
冷凍コンテナごはんの魅力を紹介。

ラクなこと

便利調味料で簡単！味が決まる

甘みとコクのある味わいに仕上がるはちみつ、酸味とうまみ、辛みが特徴のマスタードなど、1つで奥深い味わいを引き出す調味料を愛用。新しいものを買う時は、ぜひ参考に。

ラクなこと

冷凍食品は凍ったまま使う

旬の時期に収穫され、急速冷凍しているため栄養価も高い冷凍カット野菜を使用。使いたい分だけコンテナに詰めたら、下ごしらえが終了です。洗う＆切る、そして解凍する手間も不要。

光熱費カットで
節約に

食べたい時に取り出して、電子レンジ1回3〜12分の加熱で完成する「冷凍コンテナごはん」。麺料理だって別ゆでの必要もなし！ 光熱費が大幅にカットできます。

1品で
肉OR 魚+野菜の
バランスOK

たんぱく質も野菜も1コンテナでバランスよくとれるレシピが満載。1品完結ごはんやメインおかずなど計70品をラインナップ。家族のスケジュールが合わない時の救世主です。

家族の
お留守番ごはんに
ぴったり！

1コンテナ1食分だから、お留守番ごはんにも最適。冷凍する時にメニュー名と電子レンジ加熱分数をコンテナに貼っておけば、子どもでも家庭の味が手軽に作れます。

瞬速! 冷凍コンテナごはんを
おいしく作る決まりごと

調味料が均一にいきわたり、加熱ムラをなくすための
ルール7個をお知らせ。これさえ守れば、
誰が作っても同じ味わいに！ アレンジだって自在です。

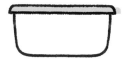 ## 詰める時

ルール
1
たんぱく質は
いちばん上に

コンテナに詰める時にたんぱく質
はいちばん上にのせます。肉や魚
のうまみが全体に広がり、料理の
味がランクアップ。

ルール
2
平らに詰める

食材はなるべく平らに詰めます。
ひき肉はスプーンを使って表面を
ならすと便利です。ごはんが余っ
た時は、あらかじめコンテナの形
に合わせて平たく冷蔵保存しま
しょう。

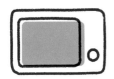

加熱する時

ルール
3

加熱時、コンテナのフタを斜めにずらす

コンテナを冷凍庫から取り出したら、フタを斜めにのせて加熱。ラップをふた代わりにする時は、ふわりとかけて蒸気の逃げ道を確保。

ルール
4

レンジの中央に置く

フラットタイプの電子レンジを使用する場合は、コンテナを中央に置いて加熱。ターンテーブルの場合は、お皿の端に置きましょう。

ルール
5

取り出す時はミトンを使う

容器自体が熱くなっているため、素手で取り出すとやけどする危険性があります。必ず、ミトンや厚手の布を使いましょう。

ルール
6

すぐ混ぜる＆ほぐす

電子レンジからコンテナを取り出したら、調味料が具材になじむよう、素早く混ぜましょう。パスタの時はトングを使うと便利です。そぼろは泡立て器を使うとよくほぐれます。

NG

OK

肉が赤い時は余熱を使う

ルール
7

肉が赤い時は余熱で温める

レシピ通りの加熱時間でも肉が赤い時は、余熱を使って全体をなじませます。それでも赤い場合、20秒ごと追加で加熱をしましょう。

PART1
１品完結！
具だくさんワンプレート　P14

PART2

節約食材を使って！
ごはんが進む高見えおかず P44

買い置きお手軽食材で！
ボリューム満点おかず P78

 サラダチキンで

 コンビーフ缶で

 冷凍鶏のから揚げで

 サバ缶で

 冷凍ギョウザで

COLUMN
1

あと1品足りない時に便利！

野菜たっぷりおかず❶ P43

パプリカのなめたけ和え
キャベツのおかか和え

COLUMN
3

訪問調理先でもリピート多数！

人気スイーツ P92・93

白いチーズケーキ
ガトーショコラ

COLUMN
2

あと1品足りない時に便利！

野菜たっぷりおかず❷ P76・77

きのこの塩マリネ
チーズブロッコリー
豆苗のごまナムル
小松菜としめじのだし煮

本書の見方

◉レシピ表記について

● 調味料の分量は大さじ1 = 15㎖、小さじ1 = 5㎖で計算しています。
また、「少々」は親指、人さし指の2本の指でつまんだ分量です。
● 野菜やきのこ類の下ごしらえについて記述を省略していることがあります
（洗う、皮をむく、ヘタを取る、石づきをとるなど）。

◉電子レンジ調理について

● 本書ではフラットタイプの電子レンジを使用して、レシピ制作をしています。
● 電子レンジ調理において、突然沸騰する可能性があります。
やけどには十分にご注意ください。
● 電子レンジの加熱時間は600Wを基準にしています。
機種に応じて差が生じる場合がありますので、微調整してください。
500Wの場合は1.2倍、700Wの場合は0.85倍を目安に加減してください。

◉電子レンジのワット数と加熱時間の目安について

600W （本書使用）	500W	700W
3分	3分40秒	2分30秒
4分	4分50秒	3分20秒
5分	6分	4分20秒
6分	7分10秒	5分10秒
7分	8分20秒	6分
8分	9分40秒	6分50秒
9分	10分50秒	7分40秒
10分	12分	8分30秒
12分	14分20秒	10分10秒

◉冷凍保存について

● 保存の際は、清潔なコンテナを使い、清潔な手や箸で詰めてください。
● 保存期間は目安です。
● 一度解凍した場合の再冷凍は厳禁です。

◉この本で使用しているコンテナについて

本書では、メニューに応じて3種類の耐熱性があり、
冷凍保存ができるコンテナを使用しています。
おうちにコンテナがある方はプラスチック製の似ている形や容量のものを使用し、
メニューに掲載している時間を元に微調整をしてください。

正方形の深底タイプ
1100㎖
156×156×83㎜

正方形の中底タイプ
700㎖
156×156×53㎜

長方形の浅底タイプ
480㎖
117×156×53㎜

スパゲッティ

PART1

１品完結！
具だくさんワンプレート

たんぱく質も野菜もたっぷりとれる、
栄養満点の主食メニューをご紹介。
麺類だって別鍋でゆでる必要もなく、
１回のレンジ加熱で１食分のごはんが完成。
育ち盛りの子どもや、
料理が苦手な人でも簡単に作れる自信作ばかりです。

レシピに使用した麺&ごはんはコレ！

スパゲッティ

1.6mm 7分ゆでタイプの乾麺を使用。麺に水分を多く含んだソースをからめて冷凍保存するため、仕上がりはもっちり食感に。湯切り不要なのもうれしいポイントです。

中華蒸し麺

焼きそば用の中華蒸し麺を使用。少しの水分で蒸しながらレンジ加熱するためもっちり！ たれが全体にいきわたるよう、レンジ加熱後はすぐにほぐしましょう。

ゆでうどん

ゆでうどんを使用した、焼きうどん風レシピを紹介。少しの水しか使わないため水っぽくならず、調味料控えめでもしっかり味に。もちつる食感で食が進みます。

ごはん

詰める時、他の食材に熱が伝わらないよう、冷ましたごはんを使用。ごはんが余ったら平らな状態にして、ラップに包んで冷蔵保存しておくと、すぐに使えて便利です。

食パン

6枚切りを使用。卵液を染み込ませて冷凍、食べる時にレンジ加熱するろこ流食事パンは、これ以上ないくらいにふわっふわ。訪問調理先でもリピート多数。

スパゲッティで

エビの
チーズクリーム
スパゲッティ

コンテナ容量
1100㎖

冷凍
30日
OK

加熱
12分

冷凍前

材料

スパゲッティ……100g

むきエビ……50g

小松菜……1株(30g)

ホールコーン……大さじ2

クリームチーズ……30g

A水……250㎖

　洋風スープの素(顆粒)
　　……小さじ2

　レモン汁・オリーブオイル
　　……各小さじ1

下ごしらえ

① **A**を**コンテナ**に入れる。

② スパゲッティは半分に折って「X」の形にして入れ、ソースとなじませる。

③ 小松菜は5㎝長さに切って入れ、ホールコーンとむきエビを入れる。上にクリームチーズをのせる。

④ フタをして冷凍庫へ入れる。

POINT
Xの形にして入れたスパゲッティはソースでコーティングするように、さっとからませて。

食べる時

フタを斜めにのせて、電子レンジで**12分加熱**した後、混ぜる。

ふわりと香るレモンがアクセント。
クリームチーズで
さっぱり&クリーミーな本格パスタに

スパゲッティで

ツナの
トマトみそパスタ

コンテナ容量
1100㎖

冷凍
30日
OK

加熱
12分

冷凍前

材料

スパゲッティ……100g
ツナ缶（ノンオイル）……1缶（70g）
しめじ……50g
バター……8〜10g
A 水……200㎖
　カットトマト缶……150g
　しょうゆ・みそ・オリーブオイル
　　……各小さじ1
　すりおろしニンニク（チューブ）
　　……少々

下ごしらえ

1 **A**を**コンテナ**に入れる。

2 スパゲッティは半分に折って「X」の形にして入れ、ソースとなじませる。

3 しめじは小房に分け、ツナは缶汁ごと入れる。上にバターをのせる。

4 フタをして冷凍庫へ入れる。

食べる時

フタを斜めにのせて、電子レンジで**12分加熱**した後、混ぜる。

時短料理の救世主・ツナ缶は
缶汁ごと入れて味に奥行きをプラス。
隠し味のしょうゆとみそでコクもアップ

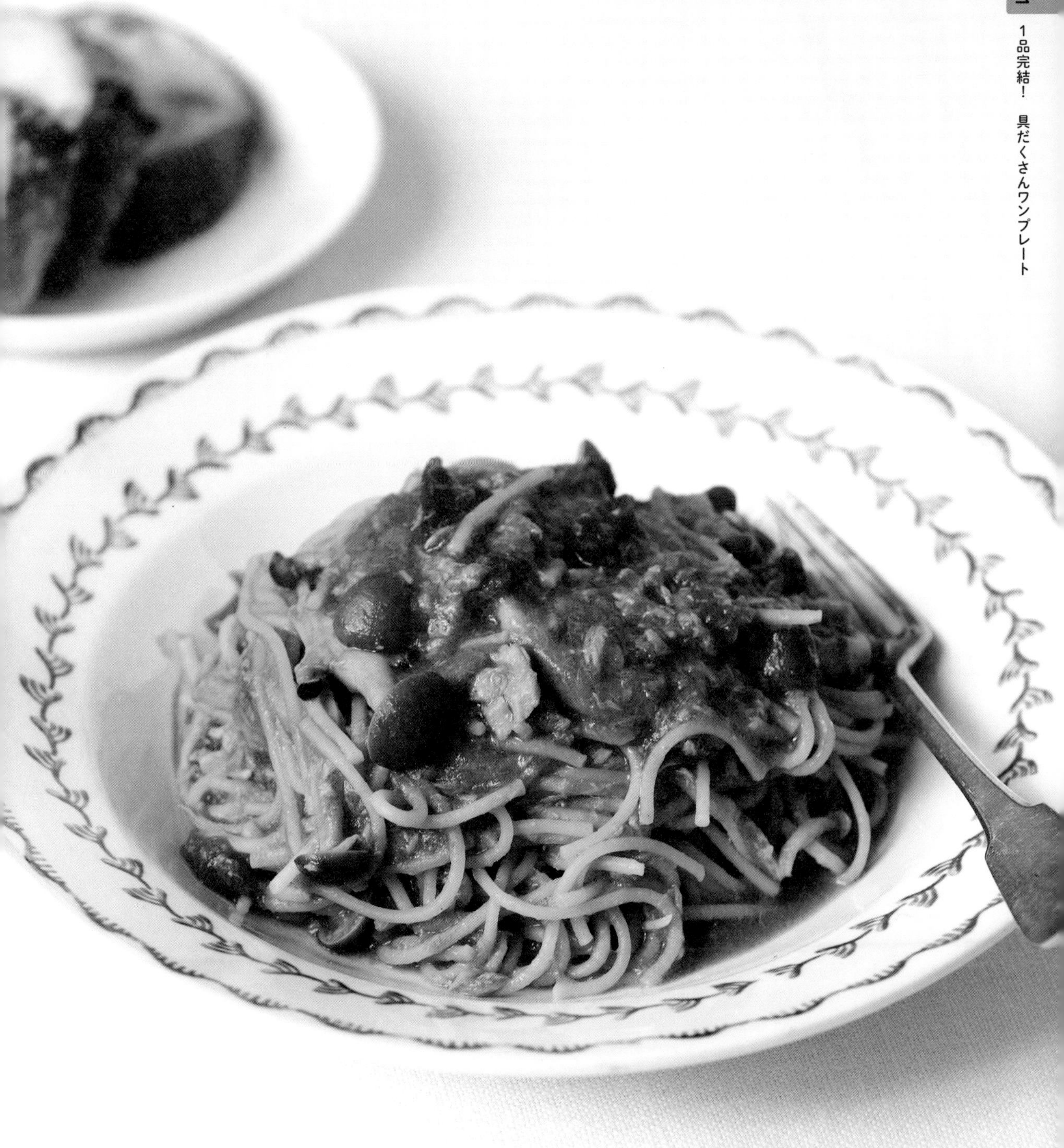

スパゲッティで

鶏と豆苗の梅パスタ

コンテナ容量
1100㎖

冷凍
30日
OK

加熱
12分

冷凍前

材料
スパゲッティ……100g
鶏ささみ……2本(120g)
豆苗……50g
片栗粉……小さじ1
A 水……250㎖
梅肉……大さじ1
めんつゆ(3倍濃縮)……小さじ2
ごま油……小さじ1
すりおろしニンニク……少々

下ごしらえ

1. **A**を**コンテナ**に入れる。

2. スパゲッティは半分に折って「X」の形にして入れ、ソースとなじませる。

3. 豆苗は半分の長さに切り、鶏ささみは3等分に切って片栗粉をまぶして入れる。

4. フタをして冷凍庫へ入れる。

食べる時

フタを斜めにのせて、電子レンジで**12分加熱**した後、混ぜる。

アクがない豆苗は
レンチン向きの優秀食材!
鶏ささみ&梅肉と一緒に

スパゲッティで

豚肉と水菜の ペペロンチーノ

コンテナ容量 **1100ml**

冷凍 **30日** OK

加熱 **12分**

冷凍前

材料

スパゲッティ……100g
豚こま切れ肉……80g
水菜……40g
パプリカ（赤）……⅛個（20g）
片栗粉……小さじ1
A 水……250ml
　洋風スープの素（顆粒）・
　　オリーブオイル……各小さじ1
　塩・すりおろしニンニク
　　……各小さじ½
　赤唐辛子（小口切り）……少量

下ごしらえ

1 **A**を**コンテナ**に入れる。

2 スパゲッティは半分に折って「X」の
形にして入れ、ソースとなじませる。

3 水菜は5cm長さに切り、パプリカは
薄切り、豚肉は片栗粉をまぶして入
れる。

4 フタをして冷凍庫へ入れる。

食べる時

フタを斜めにのせて、
電子レンジで**12分加
熱**した後、混ぜる。

**たっぷり野菜とこま切れ肉で作る
具だくさんパスタ**

スパゲッティで

あさりの
バジルスパゲッティ

コンテナ容量
1100㎖

冷凍
30日
OK

加熱
12分

冷凍前

材料

スパゲッティ……100g
あさり（水煮缶）……1缶（130g）
しめじ……50g
A 水……200㎖
　粉チーズ・ドライバジル
　　……各大さじ1
　洋風スープの素（顆粒）・
　　オリーブオイル……各小さじ1
　すりおろしニンニク……少々

下ごしらえ

1 **A**を**コンテナ**に入れる。

2 スパゲッティは半分に折って「X」の形にして入れ、ソースとなじませる。

3 しめじは小房に分け、あさりは缶汁ごと入れる。

4 フタをして冷凍庫へ入れる。

POINT
あさりのうまみが溶けだした缶汁も一緒にコンテナに入れる。

食べる時

フタを斜めにのせて、電子レンジで**12分加熱**した後、混ぜる。

ドライバジルなら
フードプロセッサーなしでも
お手軽ソースが完成！

スパゲッティで

ちくわの塩昆布パスタ

冷凍前

コンテナ容量
1100㎖

冷凍
30日
OK

加熱
12分

材料

スパゲッティ……100g

ちくわ……2本(40g)

冷凍ほうれん草……50g

塩昆布……10g

A 水……250㎖

　昆布だしの素(顆粒)……小さじ2

　酒・ごま油……各小さじ1

下ごしらえ

1 **A**を**コンテナ**に入れる。

2 スパゲッティは半分に折って「X」の形にして入れ、ソースとなじませる。

3 冷凍ほうれん草と塩昆布を入れ、ちくわは斜め薄切りにして入れる。

4 フタをして冷凍庫へ入れる。

食べる時

フタを斜めにのせて、電子レンジで**12分加熱**した後、混ぜる。

シンプルな味つけながらちくわのうまみが染みて驚きの美味しさに

中華蒸し麺で

鶏肉の
中華まぜそば

コンテナ容量
700ml

冷凍
30日
OK

加熱
9分

冷凍前

材料
中華蒸し麺……1玉（150g）
鶏もも肉……80g
しめじ……30g
小松菜……1株（30g）
A みりん・オイスターソース・水
　　……各小さじ2
　　酒・しょうゆ・ごま油……各小さじ1

下ごしらえ

① 中華蒸し麺を**コンテナ**に入れ、**A**をかける。

② しめじは小房に分け、小松菜は5cm長さに切って入れる。

③ 鶏もも肉は一口大に切ってのせる。

④ フタをして冷凍庫へ入れる。

食べる時

フタを斜めにのせて、電子レンジで**9分加熱**した後、混ぜる。

子どもウケ抜群の鉄板メニュー。
蒸すように加熱するから鶏肉もふっくら。
生焼けの心配もなし

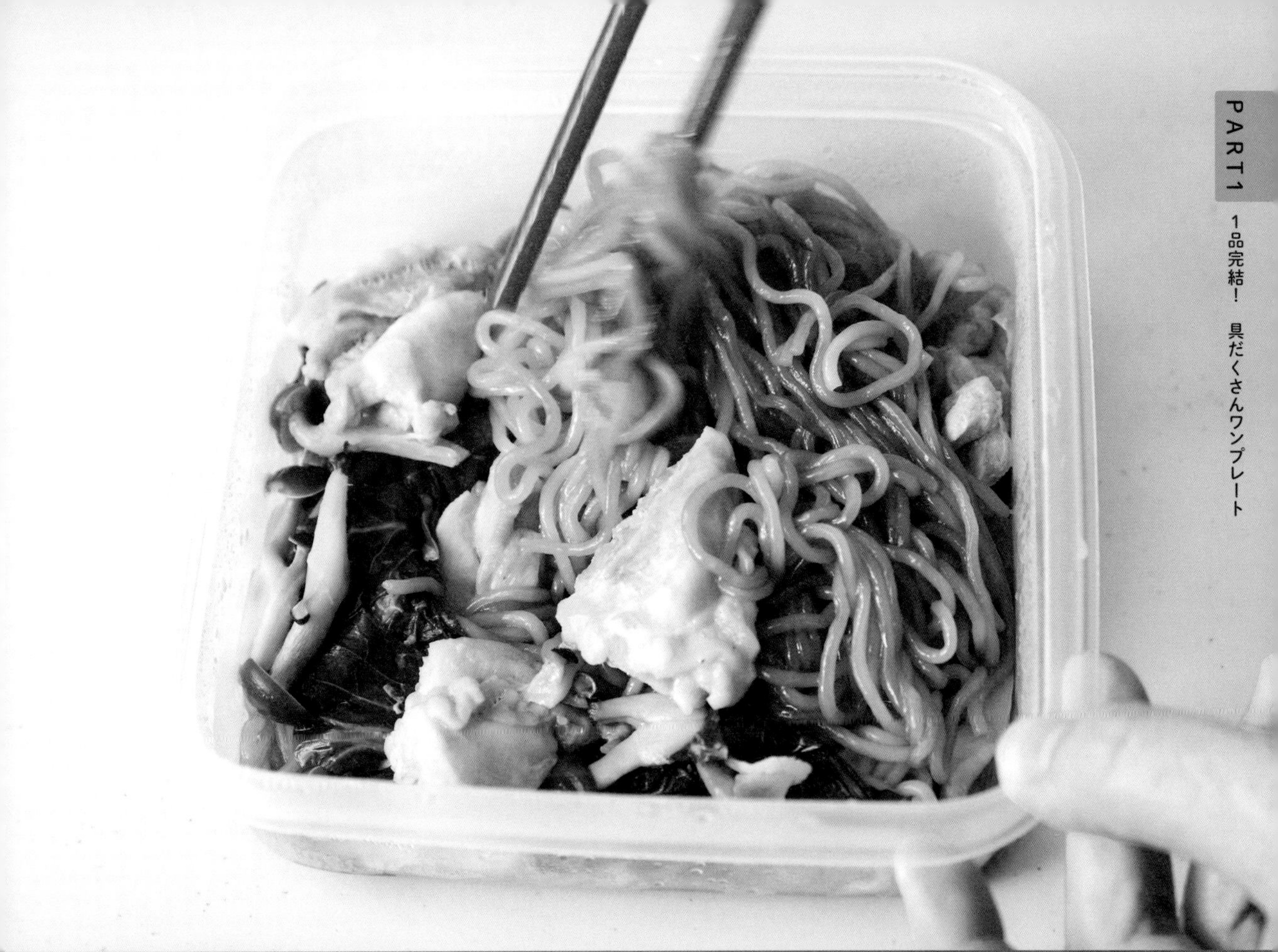

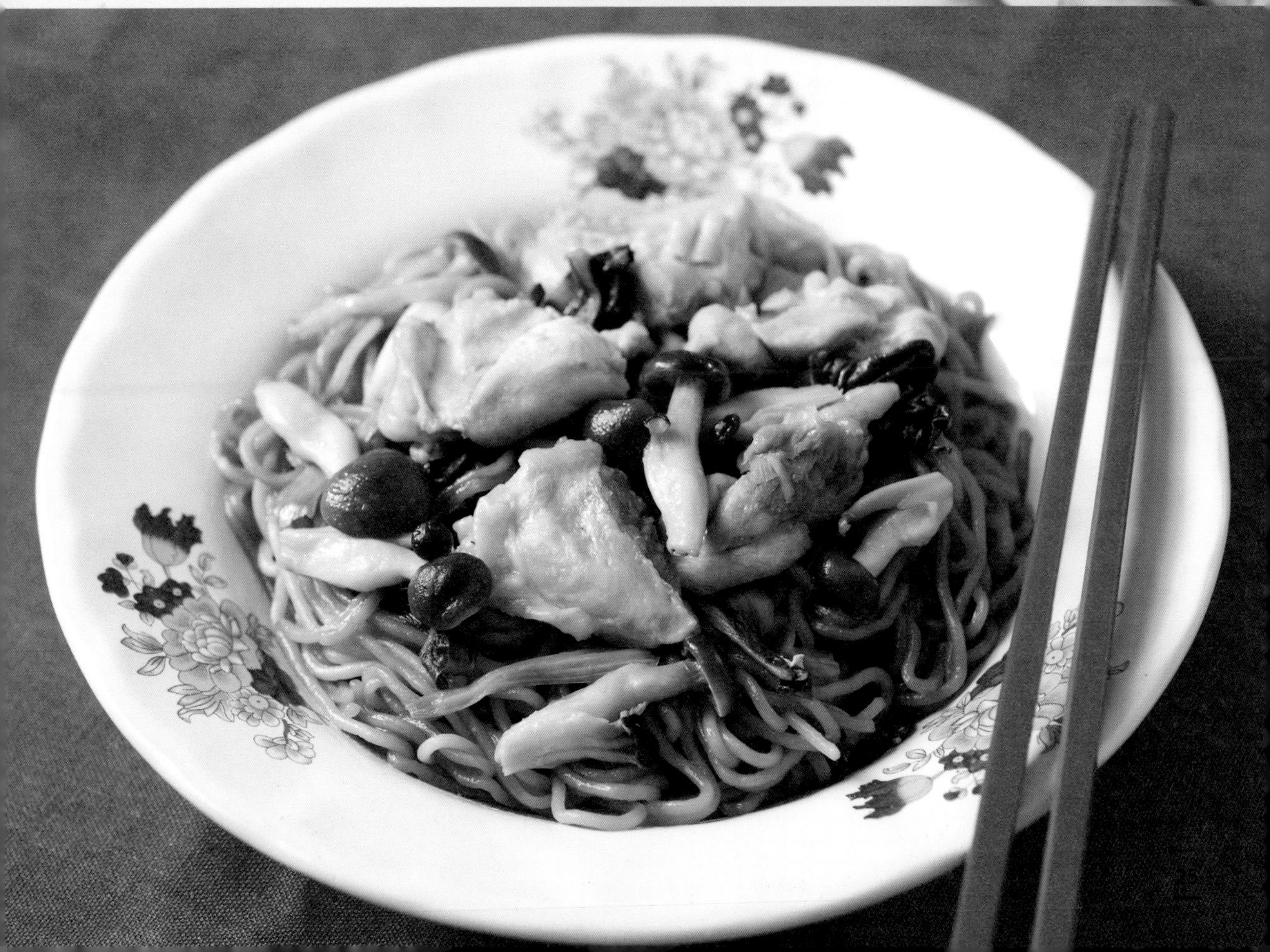

中華蒸し麺で

しらすと白菜の塩焼きそば

コンテナ容量 700㎖	冷凍 30日 OK	加熱 7分

冷凍前

材料

中華蒸し麺……1玉(150g)

しらす……30g

白菜……50g

青ネギ……1本(10g)

A鶏ガラスープの素(顆粒)・水
……各小さじ2

ごま油……小さじ1

塩・すりおろししょうが……各少々

下ごしらえ

① 中華蒸し麺を**コンテナ**に入れ、**A**をかける。

② 白菜は2㎝幅に切り、青ネギは小口切りにして入れる。しらすをのせる。

③ フタをして冷凍庫へ入れる。

食べる時

フタを斜めにのせて、電子レンジで**7分加熱**した後、混ぜる。

しょうがと
香味野菜の香りが際立つ
たっぷりのしらすもごちそう

中華蒸し麺で

冷凍前

ベーコンとなすの洋風和え麺

コンテナ容量
700㎖

冷凍
30日
OK

加熱
8分

材料

中華蒸し麺……1玉(150g)
ベーコン……2枚(30g)
冷凍揚げなす……5〜6個(60g)
バター……8〜10g
A カットトマト缶……大さじ2
　ケチャップ……大さじ1
　洋風スープの素(顆粒)・
　　オリーブオイル・水……各小さじ1

下ごしらえ

① 中華蒸し麺をコンテナに入れ、**A**をかける。

② 冷凍揚げなすを入れ、ベーコンは1㎝幅に切って入れる。上にバターをのせる。

③ フタをして冷凍庫へ入れる。

食べる時

フタを斜めにのせて、電子レンジで**8分加熱**した後、混ぜる。

人気のパスタメニューを
ソースがからみやすい中華麺で

中華蒸し麺で

エビとザーサイ焼きそば

コンテナ容量
700㎖

冷凍
30日
OK

加熱
8分

冷凍前

材料

中華蒸し麺……1玉(150g)
むきエビ……50g
もやし……50g
味つきザーサイ(瓶詰)……50g
青ネギ……1本(10g)
A 水……小さじ2
　鶏ガラスープの素(顆粒)・酒・
　ごま油……各小さじ1
　すりおろししょうが……少々

下ごしらえ

1 中華蒸し麺を**コンテナ**に入れ、**A**をかける。

2 もやしとザーサイ、むきエビをのせる。

3 フタをして冷凍庫へ入れる。

食べる時

フタを斜めにのせて、電子レンジで**8分加熱**した後、混ぜる。青ネギを小口切りにしてのせる。

あっさり味の焼きそばに
エビとザーサイのうまみをプラス

中華蒸し麺で

ごまだれ豚キムチそば

コンテナ容量 **700㎖**

冷凍 **30日** OK

加熱 **8分**

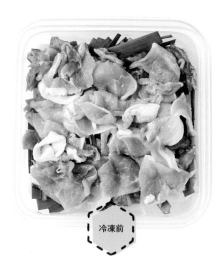

冷凍前

材料

中華蒸し麺……1玉(150g)

豚こま切れ肉……80g

白菜キムチ……100g

ニラ……2本(20g)

A ごまドレッシング(市販)・めんつゆ
(3倍濃縮)・水……各小さじ2
ごま油……小さじ1

下ごしらえ

1 中華蒸し麺を**コンテナ**に入れ、**A**をかける。

2 ニラは5㎝長さに切り、白菜キムチを入れる。豚肉をのせる。

3 フタをして冷凍庫へ入れる。

食べる時

フタを斜めにのせて、電子レンジで**8分加熱**した後、混ぜる。

市販のドレッシングを使えば
失敗知らず

中華蒸し麺で

コンビーフと水菜の
ソースそば

コンテナ容量
700㎖

冷凍
30日
OK

加熱
7分

冷凍前

材料

中華蒸し麺……1玉（150g）
コンビーフ缶……1缶（80g）
水菜……50g
A 中濃ソース・水……各小さじ2
みりん・ウスターソース・サラダ油
……各小さじ1

下ごしらえ

① 中華蒸し麺を**コンテナ**に入れ、**A**をかける。

② 水菜は5㎝長さに切って入れ、コンビーフはほぐしてのせる。

③ フタをして冷凍庫へ入れる。

食べる時

フタを斜めにのせて、電子レンジで**7分加熱**した後、混ぜる。

コンビーフのうまみで
いつものソース焼きそばが
ランクアップ

ゆでうどんで

鶏塩レモンうどん

コンテナ容量	冷凍	加熱
700㎖	30日 OK	9分

冷凍前

材料

ゆでうどん……1玉（180g）
鶏むね肉……80g
レモン……薄い輪切り2枚
水菜……50g
もやし……30g
片栗粉……小さじ1
A めんつゆ（3倍濃縮）……大さじ1
　水……小さじ2
　レモン汁……小さじ1

下ごしらえ

1. ゆでうどんを**コンテナ**に入れ、**A**をかける。

2. 水菜は5㎝長さに切って入れ、もやしとレモンを入れる。

3. 鶏むね肉はそぎ切りにし、片栗粉をまぶしてのせる。

4. フタをして冷凍庫へ入れる。

食べる時

フタを斜めにのせて、電子レンジで**9分加熱**した後、混ぜる。

レモンだれでさっぱりと！
野菜もたくさんとれる
1品完結メニュー

 ゆでうどんで

ポーク焼きうどん

コンテナ容量 700㎖	冷凍 30日 OK	加熱 9分

冷凍前

材料

ゆでうどん……1玉（180g）

豚こま切れ肉……80g

キャベツ……50g

冷凍いんげん……4本（20g）

片栗粉……小さじ1

A めんつゆ（3倍濃縮）……大さじ1

　水……小さじ2

　みりん・しょうゆ……各小さじ1

下ごしらえ

① ゆでうどんを**コンテナ**に入れ、**A**を
かける。

② キャベツはちぎって入れ、冷凍いん
げんは半分に折って入れる。豚肉は
片栗粉をまぶしてのせる。

③ フタをして冷凍庫へ入れる。

食べる時

フタを斜めにのせて、
電子レンジで**9分加熱**
した後、混ぜる。

シンプルな調味料で作る
クイックメニュー

ゆでうどんで

油揚げの赤じそうどん

コンテナ容量
700㎖

冷凍
30日
OK

加熱
8分

冷凍前

PART1

1品完結！　具だくさんワンプレート

材料

ゆでうどん……1玉(180g)

油揚げ……1枚(20g)

冷凍ほうれん草……50g

A 赤じそふりかけ・水……各小さじ2

　酒・ごま油……各小さじ1

　鶏ガラスープの素(顆粒)

　　……小さじ⅓

下ごしらえ

① ゆでうどんを**コンテナ**に入れ、**A**を
かける。

② 冷凍ほうれん草を入れ、油揚げは1
～2㎝幅に切ってのせる。

③ フタをして冷凍庫へ入れる。

食べる時

フタを斜めにのせて、
電子レンジで**8分加熱**
した後、混ぜる。

具にも麺にも
赤じそがからみ、風味豊か

ゆでうどんで

あさりのみそだれうどん

コンテナ容量 700㎖ / 冷凍 30日 OK / 加熱 8分

冷凍前

材料
ゆでうどん……1玉（180g）
あさり（水煮缶）……1缶（130g）
冷凍揚げなす……5〜6個（60g）
ニラ……2本（20g）
A みりん・めんつゆ（3倍濃縮）・
　みそ・ごま油……各小さじ1

下ごしらえ

① ゆでうどんを**コンテナ**に入れ、**A**とあさりの缶汁小さじ2を混ぜ合わせてかける。

② 冷凍揚げなすを入れ、ニラは5㎝長さに切って入れる。缶汁を切ったあさりをのせる。

③ フタをして冷凍庫へ入れる。

食べる時

フタを斜めにのせて、電子レンジで**8分加熱**した後、混ぜる。

あさり×ニラの
栄養たっぷりスタミナうどん

冷やごはんで

いわしみそ煮缶ごはん

コンテナ容量
700㎖

冷凍
30日
OK

加熱
7分

冷凍前

材料

冷やごはん……150g
いわし缶（みそ煮）……1缶（70g）
ホールコーン……大さじ2
青ネギ……2本（20g）
白いりごま……適量
A 和風だしの素（顆粒）……小さじ1
┃ すりおろししょうが……少々

下ごしらえ

1️⃣ 冷やごはんを**コンテナ**に入れ、**A**を
　　かける。

2️⃣ ホールコーンを入れ、青ネギは小口
　　切りにして入れる。いわしは缶汁ご
　　とのせる。

3️⃣ フタをして冷凍庫へ入れる。

POINT
加熱ムラができないよう、冷ましたごはんを平ら
に詰める。

食べる時

フタを斜めにのせて、
電子レンジで **7分加熱**
した後、混ぜる。白い
りごまをふる。

缶汁ごとかければ
ふっくらごはんにたれがしみしみ

冷やごはんで

鶏そぼろのまぜごはん

コンテナ容量
700㎖

冷凍
14日
OK

加熱
8分

冷凍前

材料

冷やごはん……150g

鶏ひき肉……80g

しめじ……30g

冷凍むき枝豆……大さじ2

A ごま油……小さじ1

B 砂糖・酒・しょうゆ……各小さじ2

すりおろししょうが……少々

下ごしらえ

① 冷やごはんを**コンテナ**に入れ、**A**をかける。

② 冷凍枝豆を入れ、しめじは小房に分けて入れる。鶏ひき肉と**B**を混ぜ合わせてのせる。

③ フタをして冷凍庫へ入れる。

食べる時

フタを斜めにのせて、電子レンジで**8分**加熱した後、混ぜる。

ごはんが進む甘辛そぼろもレンチンにおまかせ!

冷やごはんで

カニかまチーズピラフ

 コンテナ容量 700㎖

 冷凍 30日 OK

 加熱 6分

冷凍前

材料

冷やごはん……150g

カニ風味かまぼこ……4本（30g）

冷凍ミックスベジタブル……大さじ3

バター……8〜10g

A 粉チーズ……大さじ1

　水……小さじ1

　洋風スープの素（顆粒）

　　……小さじ½

下ごしらえ

1. 冷やごはんを**コンテナ**に入れ、**A**をかける。

2. ミックスベジタブルを入れ、カニ風味かまぼこは1㎝長さに切って入れる。上にバターをのせる。

3. フタをして冷凍庫へ入れる。

食べる時

フタを斜めにのせて、電子レンジで**6分加熱**した後、混ぜる。

**冷めてもおいしいピラフは
お弁当にも最適**

冷やごはんで

ツナとなめたけごはん

 コンテナ容量 700ml

冷凍 30日 OK

加熱 7分

冷凍前

材料
冷やごはん……150g
ツナ缶(ノンオイル)……1缶(70g)
なめたけ……大さじ2
小松菜……1株(30g)
A 酒・ごま油……各小さじ1

下ごしらえ

① 冷やごはんを**コンテナ**に入れ、**A**をかける。

② なめたけを入れ、小松菜は1cm長さに切って入れる。ツナは缶汁を切ってのせる。

③ フタをして冷凍庫へ入れる。

食べる時

フタを斜めにのせて、電子レンジで**7分加熱**した後、混ぜる。

ツナとなめたけの風味をいただく
やさしい味わいの炊き込み風

食パンで

ツナマヨカレーパン

コンテナ容量
700㎖

冷凍
30日
OK

加熱
5分

冷凍前

材料

食パン（6枚切り）……1枚

ツナ缶（ノンオイル）……1缶（70g）

シュレッドチーズ……大さじ3

A 卵（M）……1個
  | 牛乳…………大さじ4

B マヨネーズ……大さじ1
  | カレー粉……小さじ½

下ごしらえ

① 食パンを**コンテナ**に入れ、表面全体をフォークで刺す。**A**を混ぜ合わせてかける。

② ツナは缶汁を切り、**B**と混ぜてのせる。シュレッドチーズをかける。

③ フタをして冷凍庫へ入れる。

POINT
卵液を染み込みやすくするため、フォークで穴をあける。レンジ加熱時には蒸気の逃げ道となり、ふわっと食感に。

食べる時

フタを斜めにのせて、電子レンジで**5分加熱**する。

レンチンならではの
至福のやわらか食感を楽しんで

食パンで

ハムチーフレンチトースト

コンテナ容量
700㎖

冷凍
30日
OK

加熱
5分

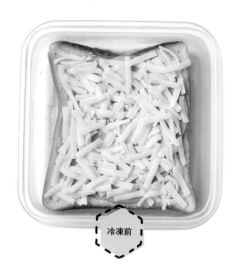

冷凍前

材料

食パン(6枚切り)……1枚

ハム……2枚(20g)

シュレッドチーズ……大さじ3

パセリ……適量

A卵(M)……1個

　牛乳……大さじ4

　洋風スープの素(顆粒)

　　……小さじ½

下ごしらえ

① 食パンを**コンテナ**に入れ、表面全体をフォークで刺す。**A**を混ぜ合わせてかける。

② ハムとシュレッドチーズをのせる。

③ フタをして冷凍庫へ入れる。

食べる時

フタを斜めにのせて、電子レンジで**5分加熱**する。刻んだパセリをのせる。

寝坊した朝もこれがあれば大丈夫。
栄養満点!
甘くないフレンチトースト

食パンで

鮭缶粒マスタードトースト

コンテナ容量
700㎖

冷凍
30日
OK

加熱
5分

冷凍前

材料

食パン（6枚切り）……1枚

鮭缶……1缶（90g）

バター……8〜10g

A 卵（M）……1個
　 牛乳……大さじ4

B マヨネーズ……大さじ1
　 粒マスタード……小さじ1

下ごしらえ

1 食パンを**コンテナ**に入れ、表面全体をフォークで刺す。**A**を混ぜ合わせてかける。

2 鮭は缶汁を切り、**B**と混ぜてのせる。上にバターをのせる。

3 フタをして冷凍庫へ入れる。

食べる時

フタを斜めにのせて、電子レンジで **5分加熱** する。

粒マスタードがアクセントのおかずパン。
パサつきがちな鮭も
ソースがからんでしっとり

食パンで

バナナシュガートースト

コンテナ容量 700㎖ ／ 冷凍 30日 OK ／ 加熱 5分

冷凍前

材料

食パン（6枚切り）……1枚
バナナ……½〜1本
バター……8〜10g
A 卵（M）……1個
　牛乳……大さじ4
　砂糖……大さじ1

下ごしらえ

1. 食パンを**コンテナ**に入れ、表面全体をフォークで刺す。**A**を混ぜ合わせてかける。

2. バナナは3㎜幅の輪切りにしてのせる。上にバターをのせる。

3. フタをして冷凍庫へ入れる。

食べる時

フタを斜めにのせて、電子レンジで**5分加熱**する。

朝食にもおやつにもなる
定番メニュー。
バナナのとろ〜り食感と
やさしい甘さがたまらない

パプリカのなめたけ和え

なめたけを野菜にかけるだけ
調味料不使用で簡単!

 コンテナ容量 480㎖　 冷凍 30日 OK　加熱 4分

材料

冷凍前

パプリカ（赤）……½個（80g）
冷凍ほうれん草……50g
なめたけ……大さじ2
白いりごま……小さじ1

下ごしらえ

① パプリカは薄切りにし、冷凍ほうれん草と**コンテナ**に入れる。

② なめたけ、白いりごまをかける。

③ フタをして冷凍庫へ入れる。

食べる時

フタを斜めにのせて、電子レンジで**4分**加熱した後、混ぜる。

キャベツのおかか和え

食感が心地よいキャベツともやしに
かつお節のうまみをきかせて

 コンテナ容量 480㎖　 冷凍 30日 OK　加熱 3分

材料

冷凍前

キャベツ……80g
もやし……20g
A 砂糖・めんつゆ（3倍濃縮）・
　　かつお節……各小さじ2

下ごしらえ

① キャベツはちぎって入れ、もやしと**コンテナ**に入れる。

② 混ぜ合わせた**A**をかける。

③ フタをして冷凍庫へ入れる。

食べる時

フタを斜めにのせて、電子レンジで**3分**加熱した後、混ぜる。

鶏ささみ

PART2

節約食材を使って！
ごはんが進む
高見えおかず

鶏ささみやこま切れ肉、鮭など、高たんぱく質食材で作る
"家計応援"レシピ。
「冷凍コンテナごはん」なら下味冷凍効果で味が染み込み、
レンジ加熱で肉も魚もふっくら。
食材をそのまま冷凍保存するより、
ワンランク上のメインおかずができあがり。

レシピに使用したメイン食材はコレ！

鶏もも肉

お弁当にも毎日の料理にも大活躍の「鶏もも肉」。そぎ切りにすると、レンジ加熱時に均一に熱が通り、おいしさがアップします。

鶏むね肉

手頃な価格で家計に大助かりの「鶏むね肉」。冷凍すると肉の繊維がやわらかくなり、味が染み込みやすくなるのが特徴。

鶏ささみ

日持ちしにくい「鶏ささみ」も冷凍すれば1か月保存OK。安売りの時にまとめ買いして、パパッと下ごしらえしておきましょう。

牛切り落とし肉

贅沢気分を味わえるのに、手頃な価格が魅力。何より切る必要がないので時短にも。ろこ流なら、焼き過ぎてかたくなる心配もなし。

豚こま切れ肉

大きさや厚さがほぼ均等なため、そのまま料理に使える便利食材。片栗粉をまぶすと冷凍焼けも防げ、調味料もからみやすい。

ひき肉

加熱ムラができないよう、コンテナに詰める場合は平らにならしましょう。加熱後は、すぐにほぐすか、食べやすい大きさにカット。

塩鮭

生鮭ではなく塩鮭を選ぶと、ドリップが出にくいため、おいしく仕上がります。詰める前に塩をふり、水で洗い流して、臭み抜きを。

むきエビ

殻も背わたも処理済の「むきエビ」を使用。色味もきれいで、和洋中どんな料理にも合わせやすいので、ストックしておくと便利です。

はんぺん

白身魚と卵白が主原料、たんぱく質が豊富でカルシウムもとれる「はんぺん」。冷凍しても口どけの良さやふわふわ食感はそのまま。

 鶏もも肉で

鶏のピリ辛チリソース

 コンテナ容量 700㎖　 冷凍 30日 OK　 加熱 10分

冷凍前

材料

鶏もも肉……150g
もやし……80g
青ネギ……2本(20g)
片栗粉……小さじ1
A ケチャップ……大さじ2
　砂糖・酒・酢……各小さじ1
　鶏ガラスープの素(顆粒)・
　豆板醤……各小さじ½

下ごしらえ

1. 青ネギは5㎝長さに切り、もやしと**コンテナ**に入れる。

2. 鶏もも肉は一口大に切って片栗粉をまぶしてのせる。

3. **A**をかける。

4. フタをして冷凍庫へ入れる。

POINT
肉の水分やうまみを封じ込めるため、片栗粉はまんべんなくまぶす。レンジ加熱後はとろみがつき、食材にたれがからまりやすく。

食べる時

フタを斜めにのせて、電子レンジで**10分加熱**した後、混ぜる。

豆板醤の風味をきかせたピリ辛ソースがクセに。
おかわりの声が聞こえるみんな大好きメニュー

鶏もも肉で

鶏肉の甘辛煮

コンテナ容量
700㎖

冷凍
30日
OK

加熱
10分

冷凍前

材料
鶏もも肉……150g
白菜……80g
パプリカ（黄）……¼個（40g）
A 酒・水……各大さじ1
　砂糖・しょうゆ……各小さじ2

下ごしらえ

① 白菜は2㎝幅に、パプリカは2㎝角に切って**コンテナ**に入れる。

② 鶏もも肉は一口大に切ってのせ、Aをかける。

③ フタをして冷凍庫へ入れる。

食べる時

フタを斜めにのせて、電子レンジで10分加熱した後、混ぜる。

鶏のうまみを吸った白菜と
レンチンしても色鮮やかなパプリカ。
野菜もきちんととれて栄養バランス抜群

 鶏もも肉で

とろとろチーズチキン

 コンテナ容量 700㎖　 冷凍 30日 OK　加熱 10分

冷凍前

材料

鶏もも肉……150g
マッシュルーム（水煮）……50g
冷凍ブロッコリー……100g
シュレッドチーズ……大さじ3
A 洋風スープの素（顆粒）
　　……小さじ1
　塩・こしょう……各少々

下ごしらえ

1. 冷凍ブロッコリー、マッシュルームを**コンテナ**に入れる。

2. 鶏もも肉を一口大に切ってのせる。**A**とシュレッドチーズをかける。

3. フタをして冷凍庫へ入れる。

食べる時

フタを斜めにのせて、電子レンジで**10分加熱**した後、混ぜる。

とろ〜りチーズ×洋風スープの素は無敵の組み合わせ。
鶏肉とゴロゴロ野菜にからめて召し上がれ

鶏もも肉で

チキンジンジャー

コンテナ容量 **700㎖** | 冷凍 **30日** OK | 加熱 **10分**

冷凍前

材料
鶏もも肉……150g
小松菜……3株(約80g)
パプリカ(赤)……½個(80g)
小麦粉……小さじ1
A みりん……小さじ2
しょうゆ・すりおろししょうが
……各小さじ1

下ごしらえ

1. 小松菜は5㎝長さに切り、パプリカは薄切りにして**コンテナ**に入れる。

2. 鶏もも肉は一口大に切って、小麦粉をまぶしてのせる。

3. **A**をかける。

4. フタをして冷凍庫へ入れる。

食べる時

フタを斜めにのせて、電子レンジで**10分加熱**した後、混ぜる。

しょうが香る甘辛だれ。
組み合わせは、ほろ苦い小松菜と
彩りを添えるパプリカがぴったり

PART2 節約食材を使って！ ごはんが進む高見えおかず

51

鶏むね肉で

ハニーバターチキン

 コンテナ容量 700㎖

冷凍 30日 OK

加熱 9分

冷凍前

"揚げない"ハニーバターチキン。
隠し味にニンニクを加え
大人も楽しめるクセになる味

材料

鶏むね肉……150g

キャベツ……80g

舞茸……30g

片栗粉……小さじ1

バター……8〜10g

A はちみつ・酒……各大さじ1

　しょうゆ……小さじ1

　すりおろしニンニク……少々

下ごしらえ

① キャベツはちぎり、舞茸は小房に分けて、**コンテナ**に入れる。

② 鶏むね肉は薄く切って片栗粉をまぶしてのせる。

③ **A**をかけ、上にバターをのせる。

④ フタをして冷凍庫へ入れる。

食べる時

フタを斜めにのせて、電子レンジで**9分**加熱した後、混ぜる。

鶏むね肉で

水晶鶏

冷凍前

コンテナ容量
700㎖

冷凍
30日
OK

加熱
9分

材料

鶏むね肉……150g

白菜……100g

冷凍いんげん……4本（20g）

片栗粉……小さじ1

塩……小さじ⅓

ラー油……適量

A 酒・水……各大さじ1

ごま油……小さじ1

すりおろしニンニク……少々

下ごしらえ

① 白菜は2㎝幅に切り、冷凍いんげんは半分に折って**コンテナ**に入れる。

② 鶏むね肉は薄く切って塩を揉み込み、片栗粉をまぶしてのせる。

③ **A**をかける。

④ フタをして冷凍庫へ入れる。

食べる時

フタを斜めにのせて、電子レンジで**9分 加熱**した後、混ぜる。ラー油をかける。

POINT
お皿に盛った後、ラー油を回しかけて、風味づけ。

冷凍下味効果で
淡泊な鶏むね肉も味わいしっかり。
つるんとした食感も楽しんで

鶏ささみで

鶏ささみの照りみつだれ

コンテナ容量
700㎖

冷凍
30日
OK

加熱
9分

冷凍前

材料

鶏ささみ……2本(120g)

長ネギ……30cm（60g）

冷凍揚げなす……5〜6個(60g)

片栗粉……小さじ1

A はちみつ……大さじ1

酒・みりん・しょうゆ……各小さじ2

下ごしらえ

① 長ネギは5cm長さに切り、冷凍揚げなすと**コンテナ**に入れる。

② 鶏ささみは3等分に切って、片栗粉をまぶしてのせる。

③ **A**をかける。

④ フタをして冷凍庫へ入れる。

食べる時

フタを斜めにのせて、電子レンジで **9分加熱** した後、混ぜる。

はちみつでコクがアップしたたれを
たっぷりからめていただきます

鶏ささみで

鶏ささみの南蛮ソース

コンテナ容量 **700㎖** | 冷凍 **30日 OK** | 加熱 **9分**

冷凍前

材料

鶏ささみ……2本（120g）
小松菜……1株（30g）
しめじ……50g
片栗粉……小さじ1
A すし酢・しょうゆ・水……各大さじ1
　すりおろしニンニク……少々

下ごしらえ

1. 小松菜は5cm長さに切り、しめじは小房に分けて**コンテナ**に入れる。
2. 鶏ささみは3等分に切って、片栗粉をまぶしてのせる。
3. **A**をかける。
4. フタをして冷凍庫へ入れる。

食べる時

フタを斜めにのせて、電子レンジで**9分加熱**した後、混ぜる。

お財布にもうれしい鶏ささみを
酸味のきいた南蛮だれで

牛切り落とし肉で

牛肉トマトの
ガーリックソテー

コンテナ容量 700㎖	冷凍 30日 OK	加熱 8分

冷凍前

材料

牛切り落とし肉……100g

ミニトマト……8個

冷凍ほうれん草……80g

小麦粉……小さじ1

A オリーブオイル……小さじ2

洋風スープの素（顆粒）・
すりおろしニンニク……各小さじ1

包丁はもちろん
キッチンバサミも不要のスピード料理

下ごしらえ

1. ミニトマトは爪楊枝で1か所刺して穴をあけ、冷凍ほうれん草を**コンテナ**に入れる。

2. 牛肉は小麦粉をまぶしてのせ、**A**をかける。

3. フタをして冷凍庫へ入れる。

POINT
レンジ加熱時の破裂を防ぐため、トマトは爪楊枝で穴をあける。

食べる時

フタを斜めにのせて、電子レンジで**8分**
加熱した後、混ぜる。

 牛切り落とし肉で

牛肉の
めんつゆバター

| コンテナ容量 700㎖ | 冷凍 30日 OK | 加熱 8分 |

冷凍前

材料
牛切り落とし肉……100g
パプリカ（黄）……½個（80g）
もやし……80g
小麦粉……小さじ1
バター……8〜10g
A めんつゆ（3倍濃縮）……大さじ1
│ みりん……小さじ2

下ごしらえ

1 パプリカは薄切りにし、もやしと**コ ンテナ**に入れる。

2 牛肉は小麦粉をまぶしてのせる。

3 **A**をかけ、バターをのせる。

4 フタをして冷凍庫へ入れる。

食べる時

フタを斜めにのせて、電子レンジで**8分 加熱**した後、混ぜる。

めんつゆがあれば
最小限の調味料で味が決まる

豚こま切れ肉で

豚じゃが炒め

コンテナ容量
700㎖

冷凍
30日
OK

加熱
8分

冷凍前

材料

豚こま切れ肉……100g

冷凍ポテト……100g

冷凍いんげん……4本（20g）

片栗粉……小さじ1

A 水……小さじ2

和風だしの素（顆粒）・砂糖・酒・しょうゆ……各小さじ1

レンジ加熱で蒸し煮した
ほっこりやさしい味わい

下ごしらえ

① 冷凍ポテト、冷凍いんげんは半分に折って**コンテナ**に入れる。

② 豚肉は片栗粉をまぶしてのせ、**A**をかける。

③ フタをして冷凍庫へ入れる。

POINT
冷凍いんげんが長い場合は半分に折ってのせる。

食べる時

フタを斜めにのせて、電子レンジで**8分**加熱した後、混ぜる。

豚こま切れ肉で

豚肉ゆず風味

| コンテナ容量 700ml | 冷凍 30日 OK | 加熱 8分 |

冷凍前

材料

豚こま切れ肉……100g

キャベツ……100g

青ネギ……2本(20g)

片栗粉……小さじ1

A 酒……大さじ1

きざみゆず(チューブ)……小さじ1

鶏ガラスープの素(顆粒)

……小さじ½

下ごしらえ

① キャベツはちぎり、青ネギは5cm長さに切って、**コンテナ**に入れる。

② 豚肉は片栗粉をまぶしてのせ、**A**をかける。

③ フタをして冷凍庫へ入れる。

食べる時

フタを斜めにのせて、電子レンジで**8分**
加熱した後、混ぜる。

ゆずの香りを楽しむため
味つけはシンプルに

豚こま切れ肉で

豚肉みそバター

コンテナ容量 **700㎖**　冷凍 **30日** OK　加熱 **8分**

冷凍前

材料

豚こま切れ肉……100g
冷凍アスパラガス……5本(30g)
冷凍揚げなす……5〜6個(60g)
片栗粉……小さじ1
バター……8〜10g
A みりん……大さじ2
｜みそ……小さじ½

下ごしらえ

1 冷凍アスパラガスは半分に折って、冷凍揚げなすと**コンテナ**に入れる。

2 豚肉は片栗粉をまぶしてのせる。

3 混ぜ合わせた **A** をかける。上にバターをのせる。

4 フタをして冷凍庫へ入れる。

食べる時

フタを斜めにのせて、電子レンジで**8分加熱**した後、混ぜる。

メインおかずにもおつまみとしても最適！
みそ×バターでガツンとパンチのある味

豚こま切れ肉で

野沢菜漬けポーク

コンテナ容量
700㎖

冷凍
30日
OK

加熱
8分

冷凍前

材料
豚こま切れ肉……100g
野沢菜漬け……80g
もやし……80g
片栗粉……小さじ1
A 白いりごま・ごま油……各小さじ1

下ごしらえ
1 野沢菜漬けは汁気を絞ってから5㎝長さに切り、もやしと**コンテナに入れ**る。

2 豚肉は片栗粉をまぶしてのせ、**A**をかける。

3 フタをして冷凍庫へ入れる。

食べる時
フタを斜めにのせて、電子レンジで**8分加熱**した後、混ぜる。

食感もポイント！
野沢菜漬けの風味と
塩気を生かした
味わい深いメニュー

豚こま切れ肉で

豚こま麻婆

コンテナ容量
700㎖

冷凍
30日
OK

加熱
8分

冷凍前

材料

豚こま切れ肉……100g

冷凍揚げなす……9個(100g)

ニラ……2本(20g)

片栗粉……小さじ2

A 水……大さじ4

　酒・しょうゆ……各小さじ2

　砂糖・オイスターソース
　　……各小さじ1

　豆板醤……小さじ½

　すりおろしニンニク……少々

下ごしらえ

① ニラは2㎝長さに切り、冷凍揚げなすと**コンテナ**に入れる。

② 豚肉は片栗粉をまぶしてのせ、**A**をかける。

③ フタをして冷凍庫へ入れる。

食べる時

フタを斜めにのせて、電子レンジで**8分加熱**した後、混ぜる。

豚こまで作るボリューム満点麻婆。
冷凍揚げなすでジューシーに

豚こま切れ肉で

豚こまドライカレー

コンテナ容量
700㎖

冷凍
30日
OK

加熱
8分

冷凍前

材料

豚こま切れ肉……100g
冷凍ミックスベジタブル……100g
マッシュルーム（水煮）……50g
片栗粉……小さじ1
A 水……大さじ2
　カレー粉……大さじ1
　ケチャップ……小さじ2
　中濃ソース……小さじ1
　洋風スープの素（顆粒）
　　……小さじ½

下ごしらえ

① 冷凍ミックスベジタブル、マッシュルームは**コンテナ**に入れる。

② 豚肉は片栗粉をまぶしてのせ、**A**をかける。

③ フタをして冷凍庫へ入れる。

食べる時

フタを斜めにのせて、電子レンジで**8分**加熱した後、混ぜる。

片栗粉で絶妙なとろみに。
カレー粉なら
ダマになる心配もなし！

合いびき肉で

ミックスベジタブル ハンバーグ

 コンテナ容量 700㎖

 冷凍 14日 OK

 加熱 9分

冷凍前

 横から

材料

合いびき肉……150g

冷凍ミックスベジタブル……50g

A カッテージチーズ……大さじ2

ケチャップ……大さじ1

マヨネーズ・ウスターソース
……各小さじ2

洋風スープの素（顆粒）
……小さじ½

ミートローフ風にカットすれば
手間ひまかけた料理に変身

下ごしらえ

① 冷凍ミックスベジタブルを**コンテナ**に入れる。

② 合いびき肉と **A** を混ぜ合わせて入れ、平らにならす。

③ フタをして冷凍庫へ入れる。

POINT
カッテージチーズを入れると、肉のくさみを消し、さらにほどよいやわらかさに仕上がる。

食べる時

フタを斜めにのせて、電子レンジで**9分**
加熱する。

合いびき肉で

しいたけバーグ

コンテナ容量 700ml
冷凍 14日 OK
加熱 7分

冷凍前

材料

合いびき肉……100g
しいたけ……4個（80g）
A 酒……小さじ2
片栗粉・マヨネーズ・しょうゆ
……各小さじ1

下ごしらえ

1. しいたけの軸は小口切りにして、合いびき肉と一緒に A と混ぜて平らにならして**コンテナ**に入れる。

2. しいたけを肉だねに押し込むように並べてのせる。

3. フタをして冷凍庫へ入れる。

食べる時

フタを斜めにのせて、電子レンジで**7分加熱**する。

固めてチンすればはがれにくい！
簡単 "肉詰め風"

豚ひき肉で

ミルフィーユギョウザ

コンテナ容量
700㎖

冷凍
14日
OK

加熱
7分

冷凍前

重ねるだけ！
野菜もたっぷりとれる
包まない＆焼かない最速レシピ

材料

豚ひき肉……150g

千切りキャベツ……50g

ギョウザの皮……12枚

A 片栗粉・砂糖・酒・しょうゆ・
　オイスターソース……各小さじ1

下ごしらえ

1. ギョウザの皮を4枚**コンテナ**に敷く。

2. 豚ひき肉とキャベツ、**A**を混ぜ合わせ、⅓量を入れ、平らにならす。

3. さらに①→②→①→②と、計3回繰り返す。

4. フタをして冷凍庫へ入れる。

POINT
肉だねが隠れるよう、
ギョウザの皮は4枚ず
つ重ねる。

食べる時

フタを斜めにのせて、電子レンジで**7分加熱**する。

豚ひき肉で

ジャージャーなす

 コンテナ容量 700㎖

冷凍 14日 OK

加熱 8分

冷凍前

材料

豚ひき肉……150g

冷凍揚げなす……9個(100g)

青ネギ……2本(20g)

A みりん・水……各大さじ1

　片栗粉……小さじ1

　鶏ガラスープの素(顆粒)・

　　しょうゆ・みそ……各小さじ½

　すりおろししょうが……少々

下ごしらえ

1 青ネギは小口切りにし、冷凍揚げなすと**コンテナ**に入れる。

2 豚ひき肉と**A**を混ぜ合わせて入れる。

3 フタをして冷凍庫へ入れる。

食べる時

フタを斜めにのせて、電子レンジで**8分**
加熱した後、混ぜる。

肉のうまみと辛みが渾然一体。
とろけるなすにからんで
間違いのないおいしさ

鶏ひき肉で

大葉の塩つくね

コンテナ容量 700㎖ ／ 冷凍 14日 OK ／ 加熱 8分

冷凍前

大葉とつくねを重ねて作る
アイデアおかず。
一口大に切ってお弁当にも

材料

鶏ひき肉……150g
えのきだけ……50g
大葉……8枚
A 酒……小さじ2
　片栗粉・鶏ガラスープの素（顆粒）・
　ごま油……各小さじ1
　すりおろししょうが……少々

下ごしらえ

1　大葉を4枚コンテナに敷く。

2　えのきだけは1㎝長さに切って、鶏
　ひき肉とAと一緒に混ぜ合わせる。
　半量を入れ、平らにならす。

3　さらに1→2を繰り返す。

4　フタをして冷凍庫へ入れる。

POINT
肉だねが隠れるよう、
大葉を4枚ずつ重ね
る。

食べる時

フタを斜めにのせて、電子レンジで8分
加熱する。

鶏ひき肉で

ひじき鶏そぼろ

コンテナ容量
700㎖

冷凍
14日
OK

加熱
6分

冷凍前

材料

鶏ひき肉……150g

乾燥ひじき……5g

冷凍むき枝豆……大さじ2

A 酒・めんつゆ（3倍濃縮）

　　……各小さじ2

砂糖……小さじ1

下ごしらえ

1. 鶏ひき肉、ひじき、枝豆を**コンテナ**に入れる。

2. **A**を入れて混ぜ合わせ、平らにならす。

3. フタをして冷凍庫へ入れる。

食べる時

フタを斜めにのせて、電子レンジで**6分**加熱した後、ほぐす。

POINT

レンジ加熱後、ミニ泡立て器を使うとほぐしやすい。

ほっと安らぐ家庭の味。
おつまみにも
白ごはんにかけて丼にも！

69

塩鮭の切り身で

鮭のはちみつごまソース

コンテナ容量
700㎖

冷凍
30日
OK

加熱
7分

冷凍前

材料

塩鮭（切り身）……1切れ

レタス……80g

しめじ……50g

A はちみつ……大さじ1

　白いりごま・めんつゆ（3倍濃縮）
　……各小さじ1

下ごしらえ

① レタスはちぎり、しめじは小房に分けて**コンテナ**に入れる。

② 鮭に塩（分量外）を少々ふって5分ほどおき、水で洗い流し水気を拭く。鮭をのせ、**A**をかける。

③ フタをして冷凍庫へ入れる。

食べる時

フタを斜めにのせて、電子レンジで **7分加熱** する。

はちみつの効果で
魚特有のにおいを抑え
しっとり&照り照り

塩鮭の切り身で

ネギだれサーモン

コンテナ容量 700㎖	冷凍 30日 OK	加熱 7分

冷凍前

材料

塩鮭（切り身）……1切れ

長ネギ……30㎝（60g）

冷凍いんげん……4本（20g）

小麦粉……小さじ½

A ごま油……小さじ1

　鶏ガラスープの素（顆粒）
　　……小さじ½

　すりおろししょうが……少々

下ごしらえ

1. 長ネギは斜めに切り、冷凍いんげんは半分に折って**コンテナ**に入れる。

2. 鮭に塩（分量外）を少々ふって5分ほどおき、水で洗い流し水気を拭く。鮭は小麦粉をまぶしてのせ、**A**をかける。

3. フタをして冷凍庫へ入れる。

食べる時

フタを斜めにのせて、電子レンジで**7分加熱**する。

電子レンジで蒸すように加熱。
ふっくら鮭を
ネギが香る絶品だれで風味よく

PART2 節約食材を使って！ ごはんが進む高見えおかず

71

 むきエビで

エビのオーロラソース

| コンテナ容量 700㎖ | 冷凍 30日 OK | 加熱 7分 |

冷凍前

材料

むきエビ……130g

チンゲン菜……½株（100g）

Aケチャップ・マヨネーズ
　……各大さじ2
　レモン汁……小さじ1

下ごしらえ

1 チンゲン菜は5㎝長さに切り、**コンテナ**に入れる。

2 むきエビをのせ、**A**をかける。

3 フタをして冷凍庫へ入れる。

食べる時

フタを斜めにのせて、電子レンジで**7分加熱**した後、混ぜる。

ケチャップとマヨネーズで
パパッと作れるオーロラソースを
プリップリのエビにまとわせて

むきエビで

エビの照り焼き

コンテナ容量
700㎖

冷凍
30日
OK

加熱
7分

冷凍前

材料

むきエビ……130g

キャベツ……100g

パプリカ（黄）……¼個（40g）

A 砂糖・酒・みりん・しょうゆ
　……各小さじ1

下ごしらえ

1 キャベツはちぎり、パプリカは2㎝角に切って、**コンテナ**に入れる。

2 むきエビをのせ、**A**をかける。

3 フタをして冷凍庫へ入れる。

食べる時

フタを斜めにのせて、電子レンジで**7分**加熱した後、混ぜる。

キャベツとパプリカの甘みに
エビのうまみが重なり
あとを引くおいしさ

はんぺんで

はんぺんカニかま蒸し

コンテナ容量 700㎖　冷凍14日OK　加熱5分

冷凍前

材料

はんぺん……1枚(110g)
カニ風味かまぼこ……4本(30g)
A マヨネーズ・片栗粉……各小さじ2
　青のり……小さじ1
　和風だしの素(顆粒)
　　……小さじ½

下ごしらえ

① はんぺんを細かく潰す。カニ風味かまぼこは1㎝長さに切る。

② はんぺんと**A**を**コンテナ**に入れて混ぜ合わせ、平らにならす。

③ カニ風味かまぼこを上にのせる。

④ フタをして冷凍庫へ入れる。

POINT
はんぺんは袋の上から手で潰すと、余計な洗い物いらず。

食べる時

フタを斜めにのせて、電子レンジで**5分加熱**する。

電子レンジ加熱で
蒸し上がりはふわっふわ。
うまみが凝縮したしっかり味に大満足

はんぺんで

はんぺん大葉チーズ

 コンテナ容量 700ml

 冷凍 14日 OK

 加熱 5分

冷凍前

材料

はんぺん……1枚（110g）
とろけるスライスチーズ……1枚
大葉……2枚
A 水……大さじ1
めんつゆ（3倍濃縮）……小さじ1

下ごしらえ

1. はんぺんを**コンテナ**に入れ、**A**をかける。
2. 大葉、チーズの順にのせる。
3. フタをして冷凍庫へ入れる。

食べる時

フタを斜めにのせて、電子レンジで **5分加熱**する。

高たんぱくで栄養価もバッチリ！
とろ〜りあつあつを
トースト感覚で頬張って

きのこの塩マリネ

3種のきのこをすし酢でさっぱりと

コンテナ容量
480㎖

冷凍
30日
OK

加熱
4分

材料

しめじ……60g
えのきだけ……20g
しいたけ……2個(40g)
A すし酢…大さじ1
　ごま油…小さじ1
　鶏ガラスープの素(顆粒)……小さじ⅓
　塩…少々

冷凍前

下ごしらえ

① しいたけは5㎜幅に切り、えのきだけは長さを半分に切り、しめじは小房に分けて**コンテナ**に入れる。

② **A**をかける。

③ フタをして冷凍庫へ入れる。

食べる時

フタを斜めにのせて、電子レンジで**4分**加熱した後、混ぜる。

チーズブロッコリー

カニかまを加えて彩りもうまみもアップ

コンテナ容量
480㎖

冷凍
30日
OK

加熱
4分

材料

冷凍ブロッコリー……120g
カニ風味かまぼこ
　……4本(30g)
A 粉チーズ・オリーブオイル・水
　……各小さじ1
　洋風スープの素(顆粒)
　……小さじ½

冷凍前

下ごしらえ

① カニ風味かまぼこは長さを半分に切り、冷凍ブロッコリーと**コンテナ**に入れる。

② **A**をかける。

③ フタをして冷凍庫へ入れる。

食べる時

フタを斜めにのせて、電子レンジで**4分**加熱した後、混ぜる。

豆苗のごまナムル

お財布にやさしく、栄養価も高い豆苗がたくさん

コンテナ容量 480㎖ ／ 冷凍 30日 OK ／ 加熱 3分

材料

冷凍前

豆苗……70g
ホールコーン……大さじ2
A はちみつ……大さじ1
　白すりごま・めんつゆ(3倍濃縮)・
　　ごま油……各小さじ1
　鶏ガラスープの素(顆粒)……小さじ⅓

下ごしらえ

① 豆苗は半分の長さに切り、ホールコーンと**コンテナ**に入れる。

② **A**をかける。

③ フタをして冷凍庫へ入れる。

食べる時

フタを斜めにのせて、電子レンジで**3分**加熱した後、混ぜる。

小松菜としめじのだし煮

レンジ調理向き野菜で作るやさしい甘みの副菜

コンテナ容量 480㎖ ／ 冷凍 30日 OK ／ 加熱 4分

材料

冷凍前

小松菜……2株(60g)
しめじ……30g
A 水……大さじ4
　和風だしの素(顆粒)・みりん
　　……各小さじ1
　めんつゆ(3倍濃縮)……小さじ½

下ごしらえ

① 小松菜は5㎝長さに切り、しめじは小房に分けて**コンテナ**に入れる。

② **A**をかける。

③ フタをして冷凍庫へ入れる。

食べる時

フタを斜めにのせて、電子レンジで**4分**加熱した後、混ぜる。

PART3

冷凍鶏のから揚げ

ヤングコーン
（水煮）

冷凍ブロッコリー

買い置きお手軽食材で！
ボリューム満点おかず

あらかじめ加工済みの缶詰や冷凍食品を使えば、
野菜と少しの調味料をプラスするだけで完成。
手の込んだメニューがスピーディーに完成します。
「こんな味わい方があったんだ！」と驚きが詰まった、
アイデアおかずをラインナップ。

レシピに使用したメイン食材はコレ！

サラダチキン

高たんぱく低脂質の「サラダチキン」。ほぐして調味料をかけるため、味がなじんで美味。レンジ加熱の間に、野菜にもうまみがいきわたりごちそう感もアップ。

冷凍鶏のから揚げ

加熱処理されているから、切らずに丸ごとコンテナに詰めても安心。調味料をかけて冷凍するため、レンジ加熱後に衣がベチャッとならず、ジューシーさも保てます。

冷凍ギョウザ

冷凍食品の中で必ず人気の上位に来る冷凍ギョウザを使用。いつもの定番の味に、野菜や調味料をちょい足しして水ギョウザ風など、新感覚のアレンジを紹介。

コンビーフ缶

常温保存でき、賞味期限も長いコンビーフ缶は、ストックしておくといざという時に大助かり。レンジ加熱すると固まっていた牛脂が溶けて、味わい深くなります。

サバ缶

骨まで食べることができ、カルシウムやDHAもたっぷりとれるサバ缶。缶汁もすべて使って、栄養分もおいしさも余すところなくいただきます。水煮缶を使用。

サラダチキンで

サラダチキンの マリネ蒸し

コンテナ容量
700㎖

冷凍
30日
OK

加熱
7分

冷凍前

材料

サラダチキン
　……1パック(110〜120g)
キャベツ……100g
冷凍アスパラガス……5本(30g)
A 酒……小さじ2
　洋風スープの素(顆粒)・
　オリーブオイル……各小さじ1

下ごしらえ

① キャベツはちぎり、冷凍アスパラガスは半分に折って**コンテナ**に入れる。

② サラダチキンはほぐして入れ、**A**をかける。

③ フタをして冷凍庫へ入れる。

POINT
サラダチキンは味が染み込みやすいよう、繊維にそって手でほぐす。

食べる時

フタを斜めにのせて、電子レンジで **7分加熱** した後、混ぜる。

少しの調味料を加えるだけで
しみじみおいしい。
あっさり軽やかなヘルシーメニュー

サラダチキンで

サラダチキンの中華和え

 コンテナ容量 700㎖

冷凍 30日 OK

加熱 7分

冷凍前

材料

サラダチキン
……1パック（110〜120g）

水菜……100g

味つきザーサイ（瓶詰）……30g

A 酒……小さじ2

　ごま油……小さじ1

　オイスターソース……小さじ½

　すりおろししょうが……少々

下ごしらえ

① 水菜は5㎝長さに切り、ザーサイと**コンテナ**に入れる。

② サラダチキンはほぐして入れ、**A**をかける。

③ フタをして冷凍庫へ入れる。

食べる時

フタを斜めにのせて、電子レンジで**7分加熱**した後、混ぜる。

サラダチキンを
ザーサイの塩気や
オイスターソースのコクで
パンチのきいた味わいに

冷凍鶏のから揚げで

塩だれから揚げ

コンテナ容量 700㎖	冷凍 30日 OK	加熱 7分

冷凍前

材料

冷凍鶏のから揚げ
……4～5個（130g）

豆苗……30g

しめじ……30g

A 酒・水……各大さじ1
　鶏ガラスープの素（顆粒）・塩・
　すりおろししょうが……各少々

下ごしらえ

1 豆苗は半分の長さに切り、しめじは小房に分けて**コンテナ**に入れる。

2 冷凍鶏のから揚げを入れ、**A**をかける。

3 フタをして冷凍庫へ入れる。

食べる時

フタを斜めにのせて、電子レンジで**7分加熱**した後、混ぜる。

野菜を加えて中華風にアレンジ。
満足度の高いメインおかずに早変わり

冷凍鶏のから揚げで

から揚げ
甘酢ソース

コンテナ容量
700㎖

冷凍
30日
OK

加熱
7分

冷凍前

材料

冷凍鶏のから揚げ
　……4〜5個(130g)
冷凍ブロッコリー……80g
ヤングコーン(水煮)……3本
A 酢・ケチャップ……各大さじ1
　砂糖・しょうゆ……各小さじ1

下ごしらえ

1 冷凍ブロッコリー、ヤングコーンを**コンテナ**に入れる。

2 冷凍鶏のから揚げを入れ、**A**をかける。

3 フタをして冷凍庫へ入れる。

食べる時

フタを斜めにのせて、電子レンジで**7分加熱**した後、混ぜる。

手間暇かかるメニューも
冷凍食品を使えばパパッと完成。
下味冷凍効果で肉もふっくらジューシー

 冷凍ギョウザで

ギョウザの洋風スープ煮

コンテナ容量 700㎖ ／ 冷凍 30日 OK ／ 加熱 10分

冷凍前

材料

冷凍ギョウザ……4個
キャベツ……50g
ミニトマト……8個
A 水……100㎖
　洋風スープの素（顆粒）
　　……小さじ1

下ごしらえ

① キャベツはちぎり、ミニトマトは爪楊枝で1か所刺し穴をあけて、**コンテナ**に入れる。

② 冷凍ギョウザを入れ、**A**をかける。

③ フタをして冷凍庫へ入れる。

POINT
レンジ加熱時にトマトが破裂するのを防ぐため、爪楊枝を使って穴をあける。

食べる時

フタを斜めにのせて、電子レンジで**10分加熱**した後、混ぜる。

モチモチ感と
つるんとした喉ごしが楽しい
水ギョウザ風スープ

 冷凍ギョウザで

ギョウザの オイスターソース炒め

 コンテナ容量 700㎖

冷凍 30日 OK

加熱 8分

冷凍前

材料

冷凍ギョウザ……4個

舞茸……50g

もやし……80g

青ネギ……適量

A 酒……大さじ1

　オイスターソース……小さじ1

　しょうゆ……小さじ½

下ごしらえ

1 舞茸は小房に分け、もやしと**コンテナ**に入れる。

2 冷凍ギョウザを入れ、**A**をかける。

3 フタをして冷凍庫へ入れる。

食べる時

フタを斜めにのせて、電子レンジで**8分加熱**する。青ネギの小口切りをかける。

もやしや舞茸にも ギョウザのうまみがしみしみ。 調味料控えめでも大満足の味

 コンビーフ缶で

コンベジポテト

コンテナ容量 **700**㎖　冷凍 **30**日 OK　加熱 **6**分

冷凍前

材料

コンビーフ缶……80g
冷凍ミックスベジタブル……大さじ3
冷凍ポテト……150g
A マヨネーズ……大さじ1
　洋風スープの素（顆粒）
　　……小さじ½

下ごしらえ

1. 冷凍ポテト、冷凍ミックスベジタブルを**コンテナ**に入れる。
2. コンビーフと **A** を混ぜ合わせてのせ、平らにならす。
3. フタをして冷凍庫へ入れる。

食べる時

フタを斜めにのせて、電子レンジで **6分加熱** した後、混ぜる。

コンビーフ缶と冷凍野菜でお手軽に！
肉の濃厚な味わいが野菜にいきわたり
おいしさアップ

 コンビーフ缶で

コンビーフの卵とじ

 コンテナ容量 700㎖
 冷凍 30日 OK
 加熱 5分

冷凍前

材料

コンビーフ缶……80g
冷凍むき枝豆……大さじ2
卵（M）……2個
A 砂糖……小さじ1
　洋風スープの素（顆粒）
　　……小さじ½
　塩……少々

下ごしらえ

1 コンビーフはほぐして、むき枝豆とコンテナに入れる。

2 ボウルに卵を割り入れて溶き、**A**を入れ、混ぜ合わせてかける。

3 フタをして冷凍庫へ入れる。

POINT
コンビーフはほぐした後、平らにならしてから溶き卵を入れる。

食べる時

フタを斜めにのせて、電子レンジで5分加熱する。

枝豆を散らして
食感＆彩りをプラス。
塩気のきいたコンビーフを
卵がやさしく包み込む

 サバ缶で

サバ缶の梅煮

コンテナ容量 700㎖　冷凍30日OK　加熱8分

冷凍前

材料

サバ缶（水煮）……1缶（150g）

水菜……100g

しめじ……30g

A はちみつ・水……各大さじ1

　梅肉……小さじ2

　酒・しょうゆ……各小さじ1

下ごしらえ

1 水菜は5㎝長さに切り、しめじは小房に分けて**コンテナ**に入れる。

2 サバは軽くほぐして缶汁ごと入れ、**A**をかける。

3 フタをして冷凍庫へ入れる。

食べる時

フタを斜めにのせて、電子レンジで**8分加熱**した後、混ぜる。

サバ缶独特のクセを
梅の酸味で爽やかに。
しめじは冷凍するとうまみがアップ

 サバ缶で

サバ缶と白菜のみそ蒸し

 コンテナ容量 700㎖

冷凍 30日 OK

加熱 8分

冷凍前

材料

サバ缶(水煮)……1缶(150g)

白菜……80g

もやし……80g

七味唐辛子……適量

A 酒……小さじ2

みそ……小さじ1

すりおろししょうが……少々

下ごしらえ

1. 白菜は2㎝幅に切り、もやしと**コンテナ**に入れる。

2. サバは軽くほぐして缶汁ごと入れる。

3. **A**をかけ、軽く混ぜる。

4. フタをして冷凍庫へ入れる。

食べる時

フタを斜めにのせて、電子レンジで**8分加熱**した後、混ぜる。七味唐辛子をふる。

魚のうまみとみそのコク
七味の辛みが渾然一体。
白ごはんに合う
みんな大好きな味

白いチーズケーキ

加熱後はふっくら
冷めてもおいしい新食感ケーキ

コンテナ容量
700㎖

冷凍
30日
OK

加熱
7分

冷凍前

材料

ホットケーキミックス……100g
クリームチーズ……60g
A 牛乳……100㎖
　砂糖……大さじ4
　ヨーグルト（無糖）……大さじ2
　レモン汁……小さじ1

下ごしらえ

1. ホットケーキミックスとAをコンテナに入れる。泡立て器で混ぜ合わせた後、平らにならす。

2. 上にクリームチーズをのせる。

3. フタをして冷凍庫へ入れる。

食べる時

フタを斜めにのせて、電子レンジで7分加熱する。

ガトーショコラ
ホケミと板チョコを使えば
初心者でも失敗知らず

コンテナ容量
700㎖

冷凍
30日
OK

加熱
5分

冷凍前

材料
ホットケーキミックス……100g
ココアパウダー……大さじ1
砂糖……大さじ3
板チョコ……1枚(50g)
A 牛乳……100㎖
  サラダ油……大さじ2

下ごしらえ

1 ホットケーキミックス、ココアパウダー、砂糖を**コンテナ**に入れて泡立て器で混ぜ合わせる。

2 **A**を入れる。泡立て器で混ぜ合わせた後、平らにならす。

3 上に板チョコを割ってのせる。

4 フタをして冷凍庫へ入れる。

食べる時

フタを斜めにのせて、電子レンジで**5分加熱**する。

「瞬速！ 冷凍コンテナごはん」
加熱時間一覧表

P16
エビの
チーズクリーム
スパゲッティ
600W加熱
12分

P18
ツナの
トマトみそ
パスタ
600W加熱
12分

P20
鶏と豆苗の
梅パスタ
600W加熱
12分

P21
豚肉と水菜の
ペペロンチーノ
600W加熱
12分

P22
あさりの
バジル
スパゲッティ
600W加熱
12分

P23
ちくわの
塩昆布パスタ
600W加熱
12分

P24
鶏肉の
中華まぜそば
600W加熱
9分

P26
しらすと白菜の
塩焼きそば
600W加熱
7分

P27
ベーコンとなすの
洋風和え麺
600W加熱
8分

P28
エビとザーサイ
焼きそば
600W加熱
8分

P29
ごまだれ
豚キムチそば
600W加熱
8分

P30
コンビーフと
水菜の
ソースそば
600W加熱
7分

P31
鶏塩
レモンうどん
600W加熱
9分

P32
ポーク
焼きうどん
600W加熱
9分

P33
油揚げの
赤じそうどん
600W加熱
8分

P34
あさりの
みそだれうどん
600W加熱
8分

P35
いわしみそ煮缶
ごはん
600W加熱
7分

P36
鶏そぼろの
まぜごはん
600W加熱
8分

P37
カニかま
チーズピラフ
600W加熱
6分

P38
ツナと
なめたけごはん
600W加熱
7分

P39
ツナマヨ
カレーパン
600W加熱
5分

P40
ハムチー
フレンチトースト
600W加熱
5分

P41
鮭缶
粒マスタード
トースト
600W加熱
5分

P42
バナナシュガー
トースト
600W加熱
5分

P43
パプリカの
なめたけ和え
600W加熱
4分

P43
キャベツの
おかか和え
600W加熱
3分

P46
鶏のピリ辛
チリソース
600W加熱
10分

P48
鶏肉の甘辛煮
600W加熱
10分

P50
とろとろ
チーズチキン
600W加熱
10分

P51
チキン
ジンジャー
600W加熱
10分

P52
ハニーバター
チキン
600W加熱
9分

P53
水晶鶏
600W加熱
9分

P54
鶏ささみの
照りみつだれ
600W加熱
9分

P55
鶏ささみの
南蛮ソース
600W加熱
9分

P56
牛肉トマトの
ガーリック
ソテー
600W加熱
8分

P57
牛肉の
めんつゆバター
600W加熱
8分

P58
豚じゃが炒め
600W加熱
8分

P59
豚肉
ゆず風味
600W加熱
8分

P60
豚肉
みそバター
600W加熱
8分

P61
野沢菜漬け
ポーク
600W加熱
8分

P62
豚こま麻婆
600W加熱
8分

P63
豚こま
ドライカレー
600W加熱
8分

P64
ミックス
ベジタブル
ハンバーグ
600W加熱
9分

P65
しいたけ
バーグ
600W加熱
7分

P66
ミルフィーユ
ギョウザ
600W加熱
7分

P67
ジャージャー
なす
600W加熱
8分

P68
大葉の
塩つくね
600W加熱
8分

P69
ひじき鶏そぼろ
600W加熱
6分

P70
鮭のはちみつ
ごまソース
600W加熱
7分

P71
ネギだれ
サーモン
600W加熱
7分

P72
エビの
オーロラソース
600W加熱
7分

P73
エビの
照り焼き
600W加熱
7分

P74
はんぺん
カニかま蒸し
600W加熱
5分

P75
はんぺん
大葉チーズ
600W加熱
5分

P76
きのこの
塩マリネ
600W加熱
4分

P76
チーズ
ブロッコリー
600W加熱
4分

P77
豆苗の
ごまナムル
600W加熱
3分

P77
小松菜と
しめじの
だし煮
600W加熱
4分

P80
サラダチキンの
マリネ蒸し
600W加熱
7分

P82
サラダチキンの
中華和え
600W加熱
7分

P83
塩だれ
から揚げ
600W加熱
7分

P84
から揚げ
甘酢ソース
600W加熱
7分

P86
ギョウザの
洋風スープ煮
600W加熱
10分

P87
ギョウザの
オイスターソース
炒め
600W加熱
8分

P88
コンベジポテト
600W加熱
6分

P89
コンビーフの
卵とじ
600W加熱
5分

P90
サバ缶の梅煮
600W加熱
8分

P91
サバ缶と
白菜の
みそ蒸し
600W加熱
8分

P92
白い
チーズケーキ
600W加熱
7分

P93
ガトー
ショコラ
600W加熱
5分

ろこ

時短料理研究家、野菜ソムリエ、フードコーディネーター。訪問調理の仕事に携わり オファーの絶えない出張料理家としても活躍中。「ヒルナンデス！」（日本テレビ）などの TV 番組や「世田谷自然食品」の TVCM に出演。毎日の料理に使える時短術を盛り込んだ料理テクニックにも定評がある。自身の SNS アカウントにて日々のおかずやお弁当を発信している。シリーズ 20 万部の『詰めて、冷凍して、チンするだけ！ 3STEP 冷凍コンテナごはん』（徳間書店）、『時短料理研究家・ろこさんの冷凍コンテナひとり鍋』（清流出版）をはじめとした著書多数。

 Instagram：
@roco1230

 X（旧Twitter）：
@rorococo1230

とと＆ねね

STAFF
デザイン　　　　　　若山美樹(L'espace)
撮影　　　　　　　　野口健志
スタイリング　　　　本郷由紀子
調理アシスタント　　平井美佐緒
編集　　　　　　　　神島由布子
校正　　　　　　　　麦秋アートセンター

撮影協力　　　　　　株式会社パームス

瞬速！ 冷凍コンテナごはん

2024年4月6日　第1刷発行

著者　　　　ろこ
発行人　　　松井謙介
編集人　　　廣瀬有二
発行所　　　株式会社　ワン・パブリッシング
　　　　　　〒105 -0003
　　　　　　東京都港区西新橋 2- 23- 1
印刷所　　　大日本印刷株式会社
DTP　　　　株式会社グレン
企画編集　　柏倉友弥

●この本に関する各種お問い合わせ先
本の内容については、下記サイトのお問い合わせフォームよりお願いします。
https://one-publishing.co.jp/contact/
不良品（落丁、乱丁）については業務センター　Tel 0570-092555
〒354-0045 埼玉県入間郡三芳町上富279-1
在庫・注文については書店専用受注センター　Tel 0570-000346

© roco